W0405370

Nathalie Karanfilovic
Cyril Skinazy

Cœur de pirate

Ernst Klett Verlag
Stuttgart · Leipzig

Table des matières

1. Auflage 1 6 5 4 3 | 2017 16 15
Alle Drucke dieser Auflage sind unverändert und können im Unterricht nebeneinander verwendet werden. Die letzten Zahlen bezeichnen jeweils die Auflage und das Jahr des Druckes.

Internetadresse: http://www.klett.de

Umschlag: Sabine Koch, Stuttgart.
Illustrationen: Sabine Koch, Stuttgart.
Druck: Medienhaus Plump, Rheinbreitbach
Printed in Germany.
ISBN 978-3-12-591841-2

9 783125 918412

Liebe Schülerinnen und Schüler!

Lesen sollte vor allem Spaß machen. Deswegen findet ihr in *Cœur de pirate* nicht nur ein spannendes Thema, sondern ihr werdet auch einen lebendigen Einblick in den Alltag französischer Jugendlicher erhalten.

Ihr werdet feststellen, dass die Sprache in dieser Geschichte anders klingt als die, der ihr im Lehrbuch begegnet seid. Französische Jugendliche benutzen nämlich gerne das *français familier*, die Umgangssprache z.B. *un costard* anstelle von *un costume* (S. 18) *du baratin* statt *des bavardages* (S. 29).

Hier sind ein paar typische Merkmale des *français familier:*

- Vokale werden oft verschluckt: z.B. *ce pauv' Baldini* statt *ce pauvre Baldini* (S. 23).

- Bei Verneinungen fällt das *ne* oft weg: anstelle von *je ne te raconte pas* heißt *je te raconte pas* (S. 23).

- Jugendliche mögen gerne Abkürzungen: sie verwenden z.B. *la cata* für *la catastrophe* (S. 24).

- Jugendliche übertreiben manchmal in ihrer Ausdrucksweise: sie sagen z.B. *c'est trop cool!* (S. 18) oder *C'est trop dingue!* (S. 19) oder *Trop géniale la photo !* (S. 20)

Wir wünschen euch viel Spaß mit *Cœur de pirate* !

Avant la lecture

1. La couverture *(Umschlag)*

a) Regardez le dessin. Décrivez-le.
b) Faites des hypothèses sur l'histoire.

2. Le titre

a) Lisez le titre du livre.
b) Que peut signifier ce titre d'après vous ?

3. Dans le livre

a) Ouvrez le livre, regardez les images et lisez la quatrième de couverture *(Rückentext)*.
Que savez-vous déjà sur l'histoire ?
b) Lisez les titres de la table des matières (page 2). Quelles informations donnent ces titres sur l'histoire ?
c) Où se passe l'histoire ? Feuilletez *(blättert durch)* le livre et trouvez des indices *(Indizien)*.

1 Dimanche soir chez les Baldini

Dimanche soir, 20 heures. Le journal télévisé vient de commencer, les Baldini se mettent à table. « … Nous débutons notre journal avec la Conférence de São Paulo. Les Etats se sont réunis ce matin pour discuter du réchauffement climatique… »

M. BALDINI : Réchauffement climatique ? Mais qu'est-ce qu'ils racontent, ils se moquent de nous, il n'a jamais fait aussi froid…

Mme Baldini, un tablier autour de la taille, pose un plat sur la table.

MME BALDINI : Théo ! ! ! Tu viens ? Le dîner est prêt ! *(Elle parle au père)* Ça fait trois fois que je l'appelle. Il exagère quand même.

M. BALDINI : Depuis le temps que je te dis qu'il faut lui couper Internet…

MME BALDINI : Ah, toi, tu exagères toujours !

M. BALDINI : Je n'ai jamais compris ce qu'il faisait pendant des heures sur cette machine. Il perd son temps et c'est pas comme ça qu'il va se trouver des amis… En plus, je le trouve de plus en plus pâle.

MME BALDINI : Toi aussi, tu passes des heures sur ton ordinateur au travail ! Et vis avec ton temps, Thierry. Tu sais très bien que c'est comme ça que les jeunes communiquent aujourd'hui. En plus, grâce à Internet, il a plein d'amis.

M. BALDINI : Oui, mais quand c'est pas Internet, il passe des heures à ces jeux drôles.

MME BALDINI : D'abord, on dit « jeux DE rôles », et il ne fait pas que jouer, il en programme aussi. Et puis, il travaille bien à l'école. *(Elle crie)* Bon, Théo ! Tu viens, le dîner va être froid… ! !

---

2 **un journal télévisé** Fernsehnachrichten — 3 **se mettre à table** sich an den Tisch setzen — 5 **un État** *(hier)* ein Staat — 5 **se réunir** sich versammeln — 6 **le réchauffement climatique** der Klimaerwärmung — 10 **un tablier** eine Schürze — 10 **autour de qc** um etw. herum — 12 **le dîner** das Abendessen — 13 **exagérer** übertreiben — 21 **pâle** blass

Théobald : Oui, j'arrive.

Théo est dans sa chambre, il pianote concentré sur son ordinateur. Sa chambre n'est pas très grande, et elle est tellement encombrée que ses parents n'y entrent jamais. Sur son bureau, une lampe en forme de globe terrestre. Sur une étagère, une collection de robots en Légo, au mur, un poster de Dark Vador et une affiche de Panama City Bay en Floride. Au pied de son lit, des montagnes de BD de science-fiction et de mangas ! Une vraie chambre de *nerd*...

Théo a 14 ans, cheveux châtain bouclés et yeux clairs cachés derrière des verres épais entre dans la salle à manger et s'installe à table. Il soulève ses grosses lunettes pour se frotter les yeux. Il baille.

M. Baldini : Tu vois, il faut que tu arrêtes avec Internet. Tu vas avoir des problèmes avec tes yeux.

---

2 **pianoter** tippen — 4 **tellement ... que** so sehr ..., dass — 4 **encombré,e** vollgestopft — 6 **une collection** *(hier)* eine Sammlung — 11 **bouclé,e** gelockt — 11 **clair,e** hell — 12 **épais,se** dick — 13 **soulever qc/qn** etw./jdn anheben, hochheben — 14 **se frotter les yeux** sich die Augen reiben — 14 **bailler** gähnen

Mme Baldini : C'est vrai Théobald, papa a raison. Pourquoi est-ce que tu ne vas pas faire un tour à vélo avec papa dimanche prochain ?

Théo marmonne un vague « oui ». Il attaque son gratin de macaronis et pose sur la table son magazine de jeux vidéo préféré Game Buster qu'il se met à lire.

2 Au collège Montaigne

Lundi, 8h40, Théobald saute du bus 95 qui l'a déposé rue Bonaparte. Comme chaque matin, il court le long de la rue Auguste Comte pour être à l'heure au collège. Bon, il faut dire que depuis la rentrée, Théo est en troisième dans le très chic collège-lycée Montaigne, en face du jardin du Luxembourg. C'est quand même mieux que son ancien collège Edouard Vachon rue Championnet dans le 18ème arrondissement de Paris. Théo d'ailleurs voulait rester dans le quartier, mais ses profs ont proposé à ses parents de le mettre dans une meilleure école, dans un quartier chic de Paris. Pour ce qui est des cours, pas de problèmes, mais pour ce qui est des copains, c'est une autre histoire… surtout quand on a un an d'avance.

Aujourd'hui à 9 heures et comme tous les lundis, c'est cours de mathématiques avec Mme Laforge.

Mme Laforge : M. de Tassigny, cela doit être très drôle ce que vous racontez là puisque tout le monde rigole. Nous allons tester votre humour au tableau. Vous allez nous faire cet exercice sur les triangles rectangles.

---

4 **marmonner** murmeln — 6 **se mettre à faire qc** anfangen etw. zu tun — 8 **sauter de qc** aus etw. springen — 8 **déposer** absetzen — 13 **ancien,ne** ehemalig — 15 **un arrondissement** ein Arrondissement *(Stadtbezirk einer Großstadt)* — 15 **d'ailleurs** im Übrigen — 20 **un an d'avance** ein Jahr Vorsprung — 24 **puisque** da ja — 26 **des triangles rectangles** rechtwinklige Dreiecke

Alban se passe la main dans les cheveux, se lève et se dirige vers le tableau d'un pas décontracté. Il commence à écrire, mais tout à coup il s'arrête, il a l'air perdu.
Un élève dit à voix haute :

UN ÉLÈVE : Madame, il connaît plutôt le triangle des Bermudes.

Toute la classe rit.

MME LAFORGE : Oui, M. de Tassigny, j'ai l'impression que vous avez plutôt travaillé votre bronzage ce week-end. Allez à votre place… Bon, alors qui veut bien aller au tableau ? … Mlle Duplessy, rangez votre portable, s'il vous plaît. Et Mlle Béranger, arrêtez de regarder par la fenêtre.

LUCIE : Mais madame, un vaisseau spatial se dirige vers nous…

Rires dans la salle.

PIERRE-HENRY : Ça doit être des amis de Baldini….

Tout le monde rit encore plus fort. Mme Laforge s'énerve :

MME LAFORGE : Silence !

A ce moment, on frappe à la porte.

MME LAFORGE : Entrez !

Théobald entre dans la salle essoufflé et en sueur. Toute la classe rigole. Il est vrai que Théobald a un style vestimentaire très personnel : une polaire verte sur une chemise à carreaux rouge, un pantalon de velours trop court et des chaussures André à grosses semelles.

THÉOBALD : Désolé, madame, j'ai raté mon bus.

---

2 **se diriger vers qc** auf etw. zusteuern — 2 **d'un pas décontracté** in einem lässigen Gang — 3 **avoir l'air perdu** verstört aussehen — 5 **plutôt** eher — 5 **le triangle des Bermuden** das Bermudadreieck — 8 **avoir l'impression que** den Eindruck haben, dass — 9 **le bronzage** die Sonnenbräune — 14 **un vaisseau spatial** ein Raumschiff — 21 **frapper à la porte** an die Tür klopfen — 23 **être essouflé,e** außer Atem sein — 23 **en sueur** schweißgebadet (sein) — 25 **vestimentaire** Kleiderungs- — 25 **une polaire** ein Fleece — 26 **à carreaux** grobkariert — 26 **le velours** der Samt — 27 **une semelle** eine Sohle — 28 **rater qc/qn** etw./jdn verpassen

Mme Laforge : Et bien comme vous êtes là, passez donc au tableau, M. Baldini.

Théobald : Oui, madame… Alors, ici on a un triangle ABC et comme $AB^2 = AC^2 + BC^2$, alors c'est un triangle rectangle en C.

En quelques coups de craie, Théo résout l'équation.

Mme Laforge : Bravo, M. Baldini, vous pouvez vous asseoir. Vous pourriez donner des cours de rattrapage à vos petits camarades.

Théo est flatté et jette un regard à Fiona, la jolie blonde aux yeux en amande qui est assise au quatrième rang à droite. Théo va s'asseoir. Dans les rangs, on entend des chuchotements.

Fiona : Waouh, vous avez vu le look ? Il a sorti la collection automne-hiver.

Tristan : Ouais, la collection 90–91.

Pierre-Henry : Dolce & Gabbana ont du souci à se faire ! !

3 Le Club du Blason Royal

Il est midi, c'est la pause déjeuner. Depuis qu'il a changé de collège, Théo n'a plus le temps de rentrer déjeuner chez lui, alors sa mère lui prépare tous les matins un sandwich. Aujourd'hui, c'est lundi et c'est poulet-mayonnaise et une pomme en dessert. Pas le style de ses camarades de classe qui préfèrent aller au Niouz Café. Alors que Théo déguste son sandwich sur un banc dans la cour, Lucie s'approche de lui. Juste à cet instant un portable sonne. Théo rougit et

---

6 **un coup de craie** ein Kreidestrich — 6 **résoudre une équation** eine Gleichung lösen — 8 **un cours de rattrapage** Nachhilfeunterricht — 10 **être flatté,e** geschmeichelt sein — 10 **jeter un regard à qc/qn** auf etw./jdn einen Blick werfen — 11 **les yeux en amande** Mandelaugen — 11 **un rang** eine Reihe — 13 **un chuchotement** ein Geflüster, ein Getuschel — 16 **ouais** *(fam.)* ja — 17 **se faire du souci** sich Sorgen machen — 24 **déguster qc** etw. genießen — 25 **s'approcher de qn/qc** sich jdm/etw. nähern — 26 **à cet instant** in diesem Augenblick — 26 **rougir** erröten

répond. Lucie sourit, elle a reconnu le thème de la « Guerre des étoiles ». Théo répond tout bas :

THÉOBALD : Allo, oui maman. Il est bon, oui, je suis en train de le manger. Oui-oui, je rentre vers 5 heures. A plus tard !

Lucie s'assoit à côté de lui.

LUCIE : Eh, le petit génie ! C'est vrai que tu étais à Vachon avant ?

THÉOBALD : Oui, tu connais ?

LUCIE : Oui très bien, j'habitais aussi dans le quartier. Bon, tu vas pas rester là à manger ton hamburger tout seul. Tu viens avec nous au Niouz ?

THÉOBALD : C'est pas un hamburger, c'est un sandwich poulet-mayonnaise avec un cornichon coupé en deux et des petites tomates. C'est mon préféré et ma mère me le prépare tous les lundis pour bien commencer ma semaine… Mais pour le Niouz, euh… comment dire euh… j'ai déjà dépensé mon argent de poche du mois pour m'acheter la dernière BD de *X-Men*.

LUCIE : Allez, viens je te paie un coca.

Théo rentre pour la première fois au Niouz Café. Toute la bande du « Club du Blason Royal » se trouve à une table et semble en discussion très animée.

LUCIE : *(à Théobald)* Viens, on est en train de préparer la prochaine DGP.

THÉOBALD : Ah, ouais, tu connais le Dolphin Guiding Project ?

LUCIE : Le quoi ?… Mais non, je veux parler de la Dandy Garden Party !

Chaque année, le Club du Blason Royal organise une grande fête. Dans deux semaines, le père de Fifi part en vacances à Saint-Barth avec sa nouvelle copine, c'est dans son super appartement de 400 m² avec terrasse qu'aura

---

13 **un cornichon** ein Essiggürkchen — 17 **dépenser qc** etw. ausgeben — 21 **un blason** ein Wappen — 22 **sembler** scheinen — 22 **animé,e** lebhaft

lieu la soirée de l'année. Bon, sa tante sera là, mais elle est hyper cool.

Alban : Regardez, qui vient là ? C'est notre génie en maths.

Pierre-Henry : Alors, Baldini ! T'as fini ton hamburger ?

Théobald répond de suite :

Théobald : C'est pas un hamburger, c'est un sandwich poulet-mayonnaise avec un cornichon coupé en deux…

Les garçons se mettent à rire.

Lucie : Oh, arrêtez les mecs de le chambrer. Je vous présente peut-être notre sauveur ! On va lui demander quelques-uns de ses neurones.

Fiona : Tiens, c'est vrai Théo. Tu ne peux pas nous donner des tuyaux pour être bon en maths ?

Théobald sourit timidement à Fifi :

Théobald : Oui, euh quand tu veux.

Alban : Le problème avec Fiona, c'est qu'il faudra lui donner des cours dans toutes les matières !

Fiona : Ah, très drôle ! Non, mais j'ai rien compris aux triangles rectangles.

Théobald : Oh, c'est pas compliqué. Si tu veux, je peux t'expliquer. Par exemple, si ABC est un triangle…

Fiona l'arrête.

Fiona : Bon d'accord, mais je pense que c'est peut-être mieux si tu passes chez moi mercredi vers 14 heures ?

Théobald : Euh… oui… Je veux bien.

Pierre-Henry : Bon les amis, parlons de choses sérieuses : qu'est-ce qu'on fait pour la soirée du 25 ?

Lucie : Ouais, c'est quoi le thème finalement ?

Alban : On peut faire une soirée karaoké ?

Lucie : Et pourquoi pas faire une soirée crêpes ?! C'est nul comme idée !!

---

1 **avoir lieu** stattfinden — 11 **chambrer qn** jdn. aufziehen, jdn. gängeln — 12 **un sauveur** ein Retter — 15 **un tuyau** ein Geheimtipp — 22 **compliqué,e** kompliziert

FIONA : Oui, c'est vrai, c'est un événement : le troisième anniversaire du *Club du Blason Royal*. On va pas faire n'importe quoi.

PIERRE-HENRY : On n'a qu'à faire une soirée 80's.

Pendant ce temps, Théobald qui n'a rien manqué de la conversation, ne peut s'empêcher de dire avec enthousiasme :

THÉOBALD : Et pourquoi pas une soirée « Guerre des étoiles » où tout le monde doit venir en costume *Star wars* ? J'ai tous les costumes si vous voulez…

Grand silence. Les quatre amis le regardent avec surprise, puis reprennent leur conversation, comme s'ils n'avaient rien entendu.

FIONA : Ok, pour la soirée 80's, ça va être plus drôle.

Il est 17 heures, Théobald rentre chez lui le sourire aux lèvres. Il est heureux de cette journée où il a pu briller en

---

1 **un événement** ein Ereignis — 3 **n'importe quoi** irgendwas — 6 **ne pas pouvoir s'empêcher de faire qc** es sich nicht verkneifen können, etw. zu tun — 12 **reprendre une conversation** ein Gespräch wieder aufnehmen — 16 **une lèvre** eine Lippe — 16 **briller** glänzen

classe et se faire de nouveaux amis. Et surtout, il a rendez-vous avec Fifi mercredi.

4 Un rendez-vous chez Fiona

Nous sommes mercredi. Il est 13h55 et pour une fois, Théo n'est pas en retard. Mais comment être en retard ? Le jeune garçon n'a pas dormi de la nuit. Il a rendez-vous avec la plus jolie fille de la classe, Fiona Duplessy. Il n'arrive toujours pas à le croire.

Le voilà devant le 15, rue Vavin, chemise repassée, chaussures cirées et cheveux gominés. Puis, il tape sur le digicode les 4 chiffres dont il se souvient par cœur.

Pas de chance, l'ascenseur est en panne. Il monte les cinq étages à pied. Il arrive devant la porte essoufflé, puis sonne. Une dame très souriante lui ouvre :

THÉOBALD : Bonjour, madame. J'ai rendez-vous avec votre fille.

La dame est surprise :

MERCEDES : Ma fille ? Mais ma fille ne vit pas ici.

THÉOBALD : Oh, excusez-moi, madame, j'ai dû me tromper d'étage.

Théo est sur le point de partir quand Fiona apparaît à la porte.

FIONA : Théo, je suis là ! Entre !

MERCEDES : Ah, c'est pour vous Mademoiselle Fiona ? Je suis désolée, je ne savais pas…

FIONA : Merci, Mercedes… Ah, super tu as trouvé facilement, alors ?

THÉOBALD : Ouais, top, j'ai regardé sur *cityplan* avant de partir. C'est facile, tu sais, en plus y'a une nouvelle

---

9 **repassé,e** gebügelt — 10 **ciré,e** poliert — 10 **gominé,e** gegelt — 10 **taper** *(hier)* eintippen — 11 **un digicode** ein elektronisches Türschloss — 12 **un ascenseur** ein Aufzug — 14 **souriant,e** freundlich, lächelnd — 19 **se tromper d'étage** sich in einem Stockwerk irren — 21 **apparaître** erscheinen

application. Tu peux simuler la promenade avec ton avatar et…

Mercedes prend le blouson de Théo. Théo regarde autour de lui et n'en croit pas ses yeux. L'entrée à elle seule est aussi grande que le 3-pièces dans lequel il vit avec ses parents. Et un énorme lustre en cristal descend du plafond.

FIONA : Alors, ne reste pas là. Viens, je vais te montrer ma chambre.

Théo entre dans la chambre de Fiona. Il y a un grand lit à baldaquin, un sofa orange avec des coussins léopard et plein d'animaux en peluche. Au sol, un tapis qui fait penser à une peau d'ours blanc. C'est une vraie chambre de fille avec une super déco. C'est vrai que ça change de sa chambrette avec sa collection de Légo. Théo sent un doux parfum de vanille, mais soudain son regard s'arrête sur le bureau de Fiona.

THÉOBALD : Waouh, cool, t'as le dernier IMac 32 pouces à écran tactile IPS à double processeur, mais… *(il réfléchit un instant)* il est même pas encore vendu en France.

FIONA : Oui, je sais, c'est mon père qui me l'a rapporté de New York… Et attends, regarde… : « DandyClub888 ».

A cet instant, l'ordinateur s'allume comme par magie.

THÉOBALD : Reconnaissance vocale ? Waouh ? Mortel !

FIONA : Oui, mon père est toujours en voyages d'affaires, il aime me faire des beaux cadeaux…

THÉOBALD : Tu en as de la chance !

Fiona se met à soupirer.

FIONA : Oui, mais il est pas toujours sympa. Il m'a dit que si cette année je n'ai pas de bonnes notes en classe, il m'enverra en internat en Suisse.

---

2 **un avatar** ein Avatar, Fantasiefigur — 3 **un blouson** eine Jacke — 6 **un lustre** ein Kronleuchter — 6 **un plafond** eine Decke — 10 **un coussin** ein Kissen, ein Polster — 11 **le sol** der Boden — 11 **un tapis** ein Teppich — 12 **une peau** ein Fell — 14 **doux/douce** sanft — 15 **soudain** plötzlich — 17 **un pouce** *(hier)* ein Zoll — 18 **un écran tactile** ein Touchscreen — 20 **rapporter qc** etw. mitbringen — 22 **s'allumer** *(hier)* angehen, starten — 23 **la reconnaissance vocale** die Spracherkennung — 23 **mortel** *(fam.)* krass, abgefahren — 27 **soupirer** seufzen

Fiona se regarde dans un miroir et soupire à nouveau.

Fiona : J'ai peur pour le prochain contrôle...

Théobald : Ne t'inquiète pas, c'est pas si compliqué les maths. Regarde, je vais te montrer.

Théo s'installe fier devant l'ordinateur.

Théobald : On va commencer par des équations simples. Tu sais, les maths, c'est comme le vélo, plus on s'entraîne, plus on devient fort !

Fiona enroule une mèche de cheveux dans ses doigts.

Fiona : Mais c'est bien ça le problème, je ne suis pas une grande sportive.

Pendant une demi-heure, Théo explique des équations à Fiona.

Théobald : Regarde, si tu comprends pas, tu n'as qu'à les apprendre par cœur.

Elle perd courage.

Fiona : Ah, c'est trop dur... Sans les sujets à l'avance, j'y arriverai jamais...

Théobald : Tu sais, avoir les sujets à l'avance, c'est pas le plus difficile. Mais c'est pas le but du jeu non plus.

Fiona se tourne soudain vers lui :

Fiona : Ah, bon ? Qu'est-ce que tu veux dire ?

Théo réfléchit un instant et répond :

Théobald : Ben, c'est hyper facile. Tous les sujets sont sauvegardés sur le serveur du collège. Il suffit de craquer les codes d'accès. Mais bon, c'est illégal.

Fiona : Ouais, c'est sûr, c'est illégal... Mais dis-moi, t'es aussi un crack en informatique ?

Théobald : Euh, ouais, j'aime bien ça. Mais j'aime surtout inventer des jeux.

Fiona : Trop cool ! *(petit silence)* Au fait, qu'est-ce que tu fais le 25 ? Tu viens à notre soirée ?

---

1 **un miroir** ein Spiegel — 2 **un contrôle** eine Klassenarbeit — 3 **s'inquiéter** sich Sorgen machen — 5 **fier,-ière** stolz — 9 **enrouler qc** etw. umwickeln — 9 **un doigt** ein Finger — 17 **un sujet** ein Thema — 25 **sauvegarder qc** etw. speichern — 25 **il suffit de faire qc** es reicht, etw. zu tun — 25 **craquer un code d'accès** ein Zugangscode knacken

Théo descend les escaliers le cœur léger. Fiona, la belle Fiona, la fille dont il rêve depuis le début de l'année, l'a invité à la soirée DGP. Mais soudain, il a peur, que va-t-il pouvoir mettre ? Ça va être une soirée 80's, mais une soirée chic, c'est sûr. A côté des garçons du collège Montaigne qui portent des jeans slim Seven, des chemises Paul & Joe et leurs vestons John Dodeland, Théo va être ridicule. Il a bien un costume Ted Lapidus de son oncle, mais il faudra demander à maman de le retoucher.

5 La Dandy Garden Party

H-2. Dans la salle à manger, Théo est en train d'essayer le costume que lui a retouché sa mère.

MME BALDINI : Regarde, Jean-Claude. Le costume est fait pour lui.

M. BALDINI : C'est vrai que je ne reconnais pas mon propre fils. Mais il manque un petit quelque chose…

M. Baldini se lève et va dans sa chambre. Il revient avec une chemise.

M. BALDINI : Tiens, mon fils, voici la chemise que je portais à ma première boum, ma première soirée ! Elle m'a porté chance.

Théo découvre le col pelle-à-tarte, les gros boutons de nacre et l'imprimé de fleurs. Il a soudain un doute « Est-ce que ça va aller avec le thème de la soirée ? Est-ce que ça n'est pas trop ? Est-ce que Fiona va aimer ? », mais il est vite rassuré par les mots de sa mère.

MME BALDINI : Comme il est beau, notre fils.

---

1 **le cœur léger** leichten Herzens — 7 **un veston** eine Jacke — 7 **ridicule** lächerlich — 9 **retoucher qc** etw. [ab]ändern — 11 **essayer qc** etw. [an]probieren — 15 **propre** eigene — 20 **porter chance à qn** jdm Glück bringen — 22 **un col pelle-à-tarte** Kragen aus den 70iger Jahren — 22 **un bouton en nacre** ein Perlmutt-Knopf — 23 **un imprimé de fleurs** ein Blumenaufdruck — 23 **un doute** ein Zweifel — 26 **rassurer qn** jdn beruhigen

Théo est heureux. Il met encore un peu de gel dans ses cheveux et dit au revoir à ses parents.
Mme Baldini : N'oublie pas. Tu m'appelles quand la fête est finie et je viens te chercher.
Théobald : Ouiii, ma-man. Je t'appelle.
Il embrasse ses parents et sort.

La soirée est douce et Théo arrive rue Guynemer à 19 heures. Depuis que ses parents ont divorcé, Fifi vit chez sa mère, mais elle préfère faire la fête dans l'appartement très chic de son père, pas très loin de là. Elle a de bonnes raisons Fifi car il faut dire que l'appartement de papa est encore plus grand, avec même une piscine sur le toit.
La rue est vide, mais on entend une musique. Théo lève la tête et voit de la lumière au dernier étage. Il fait le code et monte. Cette fois, l'ascenseur marche. Au dernier étage, il sonne à la porte. Fifi, plus belle que jamais, lui ouvre la porte.
Stupéfaite, elle regarde Théo qu'elle a du mal à reconnaître.
Fiona : Ah Théo, c'est toi ? T'es – comment dire – super ! Viens je vais te montrer. Mais attends, ne bouge pas, je vais prendre une photo de toi... Clic-Clic ! Souris Théo !... Ah oui, trop drôle, regarde !
Théo est aux anges. Puis, Fiona le prend par la main et le présente à ses amis. Tout le collège Montaigne est déjà là, filles et garçons sont habillés très années 80. Théo n'a pas tout à fait le même style, mais c'est bizarre tout le monde lui fait de grands sourires.

Une fille parle à une copine et dit :
Une fille : Oh, trop marrant son déguisement, mais c'est pas plutôt 70's ? T'as vu ?

---

8 **divorcer** sich scheiden lassen — 18 **stupéfait,e** verblüfft — 23 **être aux anges** auf Wolke sieben schweben — 25 **être habillé,e** gekleidet sein — 29 **marrant,e** witzig, drollig — 29 **un déguisement** eine Verkleidung

Un garçon lui demande :

Un garçon : Et, mec tu l'as trouvé où ton costard ? C'est Travolta qui te l'a donné ? Mdr.

Une fille, qui rigole, vient vers lui :

Une fille : Hé, playboy, tu viens danser ? On va demander au DJ de mettre un bon disco. Tu as déjà le look pour ça.

Un garçon s'approche :

Un garçon : Oh génial, le costume ! Mon oncle avait le même. *(Théobald rougit)* Hé, Alban ! Viens nous prendre en photo. On a la star de la soirée !

Alban : Waouh, Théo ! Hé DJ, mets-nous « la fièvre du samedi soir ». Allez, les filles, venez danser. Disco King est là !

Lucie arrive et dit :

Lucie : Ah vous êtes lourds les mecs, laissez-le.

A ce moment, on attend le hit disco « Shame, shame, shame, shame on you… ».

Des filles se mettent à danser autour de Théo et rient. Théo n'est pas très à l'aise, mais se met peu à peu à bouger maladroitement. Il tourne autour de lui-même et secoue la tête dans tous les sens et tombe même à genoux. Une foule est maintenant autour de Théo en sueur, prend des photos et rigole.

Soudain, la musique s'arrête. Des jeunes montent un escalier. Un garçon crie :

Un garçon : Hé, venez vite voir, c'est trop cool ! !

Théo ne comprend pas, il se lève. Lucie passe devant lui et le prend par le bras.

---

2 **un costard** *(fam.)* ein Anzug — 3 **Mdr** ***(mort de rire)*** lol — 12 **la fièvre du samedi soir** Saturday Night Fever — 16 **être lourd,e** *(fam.)* nervig sein — 20 **être à l'aise** sich wohl fühlen — 21 **maladroitement** unbeholfen — 21 **secouer qc** etw. schütteln — 22 **dans tous les sens** in alle Richtungen — 22 **tomber à genoux** auf die Knie fallen

Lucie : Viens, tu vas voir, c'est trop dingue … la piscine sur le toit !

Théo la suit et arrive sur la terrasse où se trouve une petite piscine, à côté des plantes exotiques et des chaises longues, comme à la plage. Des garçons et des filles sont déjà installés dessus. Théo croit rêver, il pense être dans un hôtel de luxe comme il en a vu dans des films.

Lucie lui dit :

Lucie : Et tu n'as encore rien vu. En été, on peut ouvrir le toit et c'est les Bahamas !

Soudain, Théo a le cœur qui bat. Fiona arrive dans un ravissant maillot de bain vert, comme la couleur de ses yeux. Elle vient vers lui

Fiona : Alors Théo qu'est-ce que tu attends ? La piscine, c'est pas un aquarium pour poissons rouges… Avec une eau à 30°, tu dois venir te baigner !

Au même moment, on entend un grand « Plouf », suivi d'autres « Plouf » en série. Fiona est éclaboussée et on entend un grand rire.

Fiona : Alban, tu trouves ça drôle ?

Lucie : Toujours aussi raffiné cet Alban… Je lui donne pas plus de trois ans d'âge mental !...

Fiona : Bon Théo, qu'est-ce que tu attends pour te changer ?... Tu as peur de l'eau ? Moi, j'adore nager…

Théobald : Non… Euh… Je ne sais pas trop… Euh… J'ai pas pris mon maillot de bain…

Fiona : Oh excuse-moi Théo, je pensais qu'on te l'avait dit. Tu vois le coffre là-bas ? … Il y a au moins trente modèles de maillots de bain … A tout de suite !...

Théo revient quelques minutes plus tard. Il a trouvé un short jaune avec des grenouilles rouges un peu trop grand, mais ça ira. Théo a enlevé ses lunettes et il reste un moment au bord de la piscine sans bouger. Il s'approche

---

12 **ravissant,e** entzückend — 15 **un poisson rouge** ein Goldfisch — 18 **éclabousser qn** jdn nass spritzen — 22 **l'âge mental** geistiges Alter — 24 **nager** schwimmen — 28 **un coffre** eine Truhe — 31 **une grenouille** ein Frosch

doucement quand tout à coup, on le pousse dans l'eau. Quand il refait surface, il voit Amandine et deux autres filles qui rient très fort. Elles regardent l'écran d'un appareil photo.

UNE FILLE : Trop géniale la photo !

AMANDINE : Mdr, il a la bouche ouverte !

Théo sort de la piscine. A cet instant, Pierre-Henry met ses mains en porte-voix autour de la bouche et fait une annonce :

PIERRE-HENRY : Concours de plongeon, concours de plongeon !

Mylène, une fille du collège, s'approche de Théo :

MYLÈNE : Hé Baldini, si tu veux avoir la classe, il faut montrer comment tu plonges.

THÉOBALD : *(gêné)* Euh… Je sais pas trop plonger…

MYLÈNE : Allez cool, c'est pas un concours de plongeon académique mais au contraire celui ou celle qui fera le plongeon le plus fou, sera le ou la meilleure. Il y a même un prix, le prix « Livingstone », tu sais, c'est le nom du goéland qui faisait des plongeons extraordinaires.

Mais Pierre-Henry est déjà sur le plongeoir. Il prend son élan et fait une figure compliquée qui provoque à la fois l'admiration et des rires.

Il est aussitôt suivi de participants qui plongent de façon comique. A chaque fois, tout le monde donne des notes.

Fiona fait un beau plongeon et nage comme un dauphin. Applaudie, elle sort de l'eau et passe devant Théo et dit à voix haute :

FIONA : Hé Théo, c'est ton tour !

---

1 **pousser qn/qc** etw. schieben, etw. drücken; *(hier)* jdn drängen — 2 **refaire surface** wieder auftauchen — 6 **une bouche** ein Mund — 8 **un porte-voix** ein Megaphon — 10 **un concours de plongeon** ein Kopfsprung-Wettbewerb — 15 **plonger** tauchen — 17 **celui/celle/ceux/celles** jener/jene/jenes — 20 **un goéland** eine Möwe — 20 **extraordinaire** außergewöhnlich — 21 **un plongeoir** ein Sprungbrett — 21 **prendre son élan** Anlauf nehmen, Schwung holen — 22 **une figure** eine Figur, ein Sprung — 22 **provoquer** bewirken — 23 **l'admiration** die Bewunderung — 24 **aussitôt** sofort — 24 **un participant** ein Teilnehmer — 26 **un dauphin** ein Delfin — 27 **à voix haute** laut

Alban crie :

ALBAN : Baldini ! Le plongeon !

Tout le monde crie en chœur : « Baldini ! Le plongeon ! Baldini ! Le plongeon !»

Théo ne sait pas quoi faire mais il croise le regard de Fiona qui semble lui dire : « Vas-y Théo ! Tu es le plus fort ! »

Théo ne peut pas décevoir Fiona. Alors il décide d'avoir du courage. Il va faire un plongeon extraordinaire pour l'impressionner.

Tout le monde applaudit et rit en même temps. Théo monte sur le plongeoir. Il sent que tout le monde le regarde. Son cœur bat très fort, ses mains sont moites. Et soudain, il pense à quelque chose : Jonathan Livingstone, le goéland, c'est l'histoire de cet oiseau incroyable qui se sent différent des autres et qui tente les figures les plus folles…

Théo respire profondément, prend son élan et s'élève dans les airs. Il crie « Livingstone », il écarte les bras comme un oiseau et décide de battre des ailes… Mais c'est bizarre… pourquoi est-ce que ça ne marche pas ? Il entend un grand « Splash ! » suivi d'une douleur cinglante. Il vient de faire le plus mauvais plat sur le dos de toute sa vie.

Mais la plus grande douleur, c'est quand il sort de l'eau. Pourtant, tout le monde crie et applaudit. Peut-être après tout n'a t-il pas complètement raté son plongeon ? Il a un doute pourtant de l'avoir réussi parce qu'il a le dos qui le brûle.

Lucie passe devant lui et regarde son dos. Elle dit :

LUCIE : Ah oui, quand même !

---

3 **en chœur** im Chor — 5 **croiser le regard de qn** jds Blick kreuzen — 6 **sembler** scheinen — 7 **décevoir qn** jdn enttäuschen — 7 **décider de faire qc** beschließen, etw. zu tun — 9 **impressionner qn** jdn beeindrucken — 12 **moite** feucht — 15 **tenter qc** etw. wagen — 17 **respirer profondément** tief einatmen — 17 **s'élever** sich erheben — 18 **écarter qc** etw. ausbreiten, spannen — 19 **une aile** ein Flügel — 21 **cinglant,e** stechend — 22 **un plat sur le dos** ein Rückenklatscher — 26 **pourtant** dennoch, trotzdem — 27 **brûler** brennen

Mais Fiona vient vers lui avec une serviette qu'elle lui met autour des épaules. Théobald met ses lunettes. Si proche de lui, il reconnaît son parfum et cela le trouble. Elle rit et dit :

FIONA : Bravo, Théo ! Tu as fait honneur au Club du Blason Royal là !... Au fait, tu sais que t'es pas mal sans tes lunettes.

Lucie croise le regard de Fiona. Un regard qui semble dire qu'elle n'aime pas trop le double jeu de Fiona. Pourquoi l'a-t-elle d'ailleurs invité ? Elle pense surtout à son année scolaire et avoir une bonne relation avec Théo peut lui être bien utile. Ce n'est pas très moral. Elle a tellement peur de quitter son collège et de se retrouver en Suisse.
La tante de Fiona arrive alors.

LA TANTE: Bon allez les enfants, c'est fini la piscine. Les crêpes sont prêtes !

ALBAN : Ah, ben finalement, c'est bien une soirée crêpes...

LUCIE : Ha ha ha...

Tous les invités de Fiona crient en cœur de joie. Mais Théo regarde son portable : zut, il est tard. Sa mère va s'inquiéter. Il est l'heure de rentrer.

THÉOBALD : Allô maman, oui tu peux venir me chercher ?

6 Retour sur Terre

Lundi matin. Théo est dans le bus qui va au collège. Il regarde par la fenêtre et se sent léger. Il ne peut s'empêcher de penser à Fiona et à son doux parfum quand elle s'est approchée de lui à la piscine pour lui donner une serviette. Quel moment magique ! Il y a déjà du monde devant le collège Montaigne. Des élèves discutent :

---

2 **une épaule** eine Schulter — 2 **proche** nahe — 3 **troubler qn** jdn verunsichern, jdn durcheinander bringen, jdn verlegen machen — 5 **faire honneur à qn** jdm Ehre erweisen — 10 **une année scolaire** ein Schuljahr — 12 **utile** nützlich — 19 **la joie** die Freude — 23 **un retour** eine Rückkehr — 27 **une serviette** ein Handtuch

Un élève : Alors, t'étais à la soirée DGP ? T'en as de la chance.
Un élève : Ouais, trop mortel ! Attends, je te montre.
Il sort son téléphone portable et montre les photos de la soirée. L'autre dit :
Un élève : Attends, j'y crois pas, c'est Baldini là ? Oh, le ringard !
Un élève : Je te raconte pas la crise de rire !
Lucie : Ah, ça vous amuse ça ? Facile de se moquer de ce pauv' Baldini. Mais vous savez quoi, c'est vous les bouffons ! !

8 h 58, les élèves rentrent déjà dans la cour et comme chaque matin, Théobald Baldini arrive essoufflé.
A la pause déjeuner, Théo remarque Fiona et sa bande d'amis. Elle est plus jolie que jamais. Alors qu'il s'approche du petit groupe, Alban lui dit :
Alban : Alors Baldini, ça va ?
Puis demande aux autres :
Alban : Bon, on y va ? J'ai faim. Bon, à plus Baldini !
Lucie s'approche doucement de Théo.
Lucie : Salut Théo, ça va ?
Théobald : Oui, ça va, merci. C'était sympa la soirée samedi soir.
Lucie : Ouais, c'était… sympa. *(à ses copains)* Hé, attendez-moi, j'arrive. *(à Théo)* Bon, ben, à plus !
Les jeunes se dirigent vers le Niouz Café et laissent Théobald dans la cour. Sans un mot, il les regarde s'éloigner, sort son sandwich poulet-mayonnaise et va s'asseoir sur un banc.

Il est 17 heures. A la sortie, Théo remarque Fiona seule, il prend son courage à deux mains et va lui parler :
Théobald : Salut, euh… c'était sympa samedi, merci pour l'invitation.

---

6 **un ringard** ein Spießer — 10 **un bouffon** ein Volltrottel — 13 **une pause déjeuner** Mittagspause — 13 **remarquer qc/qn** etw./jdn bemerken — 32 **une invitation** eine Einladung

Sans le regarder, Fiona pianote sur son Iphone et lui dit :

Fiona : Ah, ouais c'était sympa ! On a bien rigolé.

Théobald : Euh, j'ai pensé euh…, je peux encore t'aider pour les cours de maths.

Fiona : C'est gentil, Théo, mais je crois que ça sert à rien. Je n'ai pas « la bosse des maths » comme on dit.

Théo réfléchit un instant :

Théobald : Mais, vendredi y'a contrôle?

Elle soupire.

Fiona : Oui, je sais. C'est la cata ! Mon père va être furieux.

A cet instant, une Jaguar verte s'arrête devant le collège et klaxonne.

Fiona : Bon, j'y vais, c'est ma mère. Ciao !

Théo la regarde partir. Lucie arrive.

Lucie : Alors, Théo, elle te plaît bien Fiona ?

Il se retourne. C'est Lucie. Il ne dit rien.

Lucie : Mais tu sais pour elle, l'important, c'est le style. Elle ne s'intéresse qu'aux garçons superficiels, le contraire de toi.

Théobald : Non, mais moi, euh… je veux juste être ami avec Fifi.

Lucie : Ami ? Tu rigoles. Tu pars à Gstaad en hiver et à Ibiza en été ? Tu as 1000 euros d'argent de poche par semaine ? Ouvre les yeux, Théo. Wake up ! Moi aussi, je viens du $18^{\text{ème}}$ arrondissement et je peux te dire que ce n'est pas facile de se faire des amis ici.

Théobald : Mais elle m'a dit que je faisais honneur au Club du Blason Royal.

Lucie : Honneur au Club du Blason Royal ? Va donc faire un tour sur Facebook et tu comprendras.

Théobald : Mais… comprendre quoi ?

Lucie : Bon, je te laisse, je dois rentrer. Salut !

---

5 **ça sert à rien** das bringt nichts — 6 **avoir la bosse des maths** in Mathe was draufhaben — 10 **furieux,-euse** wütend — 12 **klaxonner** hupen — 18 **superficiel,-le** oberflächlich

7 La vengeance de Cœur de pirate

Facebook ? Théo connaît bien le réseau Facebook. Il y a d'ailleurs un compte et fait partie de différents groupes : « fans de Dark Vador », « le clan des adorateurs du côté obscur de la force », « Quantic physics fan club », « le groupe des lanceurs de tartines de nutella qui tombent toujours du bon côté ». Autant de groupes qui lui permettent de communiquer avec des milliers d'amis dans le monde. Mais qu'est-ce qu'a bien voulu dire Lucie ? Soudain, Théo a une idée, il va sur Facebook et cherche « Club du Blason Royal ». Mais comment avoir accès aux informations ? Il doit devenir membre. Théo se crée alors un nouveau profil. Voyons. Pourquoi pas Charles-Edouard de Beaumont, aka Cœur de pirate ? Et comme avatar ? Une tête de mort en forme de cœur. Il envoie sa demande et à sa surprise elle est acceptée dans la minute.

Aussitôt, il tombe sur une galerie de photos de la soirée DGP. Il apparaît sur toutes les photos et c'est le choc. Il lit les commentaires.

▷ Baldini, le roi des ringards.
Mylène

▷ Quand Dark Vador devient Tarte Vador.
Alban

▷ C'était la fièvre du Samedi soir, John Travoltarte en action !
Pierre-Henry

---

1 **une vengeance** eine Rache — 2 **un réseau** ein Netzwerk — 3 **faire partie de qc** zu etw. gehören — 6 **des lanceurs de tartines** Nutellabrotwerfer — 7 **autant de** so viel — 7 **permettre à qn de faire qc** jdm ermöglichen, etw. zu tun — 8 **des milliers de** Tausende von — 12 **un,e membre** ein Mitglied

▷Je vous raconte pas. J'ai dansé avec lui. Il sentait la naphtaline.
Amandine

▷Qu'est-ce qu'on a rit avec Fifi quand il est parti ! On dit qu'il est amoureux d'elle. Mdr.
Zoé

▷Trop drôle, il faudra l'inviter plus souvent.
Archibald

Théo est confus. Soudain, il reçoit un message en chat. Princesse Fifi est connectée. Elle demande à être amie. Théo a le cœur qui bat car il reconnaît Fiona sur la photo. Il accepte tout de suite.

Princesse Fifi
▷Bienvenue Cœur de pirate !

Théo qui est encore sous le choc, ne répond pas.

Princesse Fifi
▷ Tu es timide Cœur de pirate ?

Cœur de pirate
▷ Ave, « Princesse » Fifi.

Princesse Fifi
▷ Pourquoi « Cœur de pirate » ?

Cœur de pirate
▷ Tu le sauras en temps voulu.

Princesse Fifi
▷ Tu m'as l'air bien mystérieux.

Cœur de pirate
▷ Le vrai mystère du monde est le visible et non l'invisible… J'ai beaucoup aimé les photos de votre soirée.

Princesse Fifi
▷ Ouais, c'était génial ! On a invité le nerd de notre classe, c'était trop drôle. J'espère que tu viendras à la prochaine soirée. ☺

Cœur de pirate
▷ Peut-être, peut-être, mais je suis très occupé… Et toi ?

Princesse Fifi
▷ Ouais, j'ai beaucoup de travail à l'école, et c'est très dur ☹. Si j'ai pas la moyenne aux prochains contrôles, je vais avoir des problèmes.

---

8 **en temps voulu** beizeiten, wenn es an der Zeit ist — 10 **mystérieux, -euse** geheimnisvoll — 12 **un mystère** ein Geheimnis — 12 **le visible** das Sichtbare — 19 **être occupé,e** beschäftigt sein — 22 **la moyenne** die Durchschnittsnote

Cœur de pirate
▷ Je peux peut-être t'aider ?

Princesse Fifi
▷ Ah, bon ?

Cœur de pirate
▷ Ouais. Je peux craquer le serveur du collège et te donner les sujets du prochain contrôle.

Princesse Fifi
▷ Ah, ouais, je sais. Le nerd de notre classe m'en a parlé. Mais, tu connais mon collège ? Je suis à Montaigne.

Cœur de pirate
▷ Non, non, pas du tout ! Juste de nom. Mais ton nerd a raison, c'est un jeu d'enfant de rentrer dans la boîte mail des profs.

Fifi est intéressée.

Princesse Fifi
▷ Et tu pourras avoir les sujets de maths ?

Cœur de pirate
▷ Super simple. Connecte-toi demain à la même heure.

8 Un pirate au grand cœur ?

Vendredi 15 heures en classe de maths. Mme Laforge donne le dernier contrôle. Silence général.

---

12 **la boîte mail** der Briefkasten, der Posteingang

Mme Laforge : Eh bien, nous avons assisté à un événement dans cette classe. Mlle Duplessy, M. de Tassigny, Mlle Béranger et M. Bloch-Morizet, bravo au Club du Blason Royal. Vous avez eu tous 18/20. Quel miracle ! Vous avez décidé d'aimer les mathématiques. J'espère que je n'aurai pas de mauvaise surprise au contrôle de fin d'année. M. Baldini, pas de surprise, 19/20.

Les discussions sont animées dans la cour à la sortie des cours.

Fiona : Vous avez vu, ça a marché. C'était pas du baratin. Il nous a envoyé les sujets avec la solution en plus.

Alban : Oui, trop la classe, ce cœur de pirate.

Pierre-Henry : *(à voix basse)* Chut, ne parlez pas si fort…

Théo s'approche du groupe qui continue sa conversation.

Amandine : En plus, Cœur de pirate, c'est romantique comme nom… Je me demande s'il est mignon.

Fiona : Ouais, mais surtout il est trop cool. J'espère que je vais bientôt le rencontrer.

Théobald : Salut ! Bravo Fiona, c'est super. Tu vois que c'est pas difficile.

Alban : Bientôt, on aura des meilleures notes que toi. Ah, ah !

Fiona : Bon, ben, j'y vais. J'ai rendez-vous avec - vous savez qui - sur le chat…

Théobald : Euh, Fiona, je voulais te parler…

Fiona : Désolée, je n'ai pas le temps. Ciao !

Amandine : Oh là là, elle est en train de tomber amoureuse de son Cœur de pirate, ou quoi ?

Théobald : Bon, ben j'y vais aussi. A demain !

Fiona se connecte sur le chat de Facebook. Avec impatience, elle espère que Cœur de pirate sera au rendez-vous.

---

1 **assister à qc** einer Sache beiwohnen — 4 **un miracle** ein Wunder — 5 **décider de faire qc** beschließen, etw. zu tun — 10 **le baratin** das Geschwätz — 30 **l'impatience** *(f)* die Ungeduld

Elle attend une demi-heure, toujours rien. Mais soudain, un message.

Cœur de pirate
▷ Ave, Princesse Fifi.

Princesse Fifi
▷ Salut, Cœur de pirate ! Je t'attendais.

Cœur de pirate
▷ Désolé, mais j'ai pas trop le temps en ce moment.

Princesse Fifi
▷ Oh, dommage, je voulais te parler et te remercier pour les sujets.

Princesse Fifi
▷ Tu es toujours là ?

Cœur de pirate ne répond pas.

Cœur de pirate
▷ T'inquiète pas pour ça, c'est rien... Entre membres du Club du Blason Royal, il faut bien s'aider...

Princesse Fifi
▷ C'est vrai la solidarité, c'est important, mais j'aimerais quand même te remercier... On pourrait se rencontrer ?

Théo ne s'attendait pas à cette demande, il ne sait pas quoi répondre.

Cœur de pirate
▷ Oui, pourquoi pas la semaine prochaine ? C'est les vacances et j'ai un peu de temps.

---

10 **remercier qn pour qc** sich bei jdm für etw. bedanken

Princesse Fifi
▷ Ah… La semaine prochaine ? Pas possible, je pars en vacances en Floride avec mon père.

Cœur de pirate
▷ En Floride ? Pourquoi en Floride ?

Princesse Fifi
▷ En fait, je le dis à personne mais mon rêve, c'est d'aller nager avec les dauphins.

Cœur de pirate
▷ Tu vas à Key West, à Key Largo ou à Panama City Bay ?

Princesse Fifi
▷ Comment tu sais ça, c'est incroyable ? Je vais à Panama City Bay.

Cœur de pirate
▷ Disons que moi aussi je m'intéresse aux dauphins…

Princesse Fifi
▷ Tu t'intéresses aux dauphins ? C'est génial… Moi, depuis que je suis toute petite, je les adore…

Cœur de pirate
▷ Oui, moi aussi... Je suis fasciné par les Grands dauphins…

Princesse Fifi
▷ Ceux qui cherchent le contact avec l'homme ?

Cœur de pirate
▷ Exactement… Comme ceux de Panama City Bay en Floride…

---

20 **un Grand dauphin** ein Großer Tümmler-Delfin

Princesse Fifi
▷ Tu as lu « Un animal doué de raison » ?

Cœur de pirate
▷ Bien sûr, j'adore ce roman de Robert Merle dans lequel le Docteur Sevilla apprend l'anglais à un couple de dauphins.

Princesse Fifi
▷ Moi ce que je trouve fantastique chez ces dauphins, c'est qu'ils guident les bateaux perdus dans la tempête et qu'ils sauvent les naufragés.

Cœur de pirate
▷ Oui et ce qui est fou, c'est qu'ils ne dorment jamais !

Princesse Fifi
▷ Mais c'est trop cool tout ce que tu sais sur les dauphins, Cœur de Pirate... Je ne peux vraiment pas attendre de te rencontrer. Tu habites où ? Je peux venir te voir.

Théo ne répond pas.

Princesse Fifi
▷ Tu es toujours là ?

Cœur de pirate
▷ Bon, si tu veux, on peut se voir dans une heure au Niouz Café, tu connais ?

Princesse Fifi
▷ Oui bien sûr, c'est notre QG. Super, mais comment je vais te reconnaître ?

---

2 **être doué,e de raison** vernunftbegabt sein — 5 **un couple** ein Paar — 10 **sauver qn** jdn retten — 10 **un naufragé** ein Schiffbrüchiger

Cœur de pirate
▷ Moi, je te reconnaîtrai.

Princesse Fifi
▷ Génial ! A tout' !

Fiona se regarde dans le miroir. Elle n'arrive pas à le croire. Elle a rendez-vous avec Cœur de pirate. Soudain, elle panique, est-ce qu'elle est assez jolie, est-ce qu'elle va lui plaire ? Elle va dans sa garde-robe et choisit sa robe préférée, une robe Zadig & Voltaire. Oh, vite, il est déjà moins 5. Elle se met du gloss et sort.

Cela fait 10 minutes que Fiona est au Niouz Café. Mais où est donc Cœur de Pirate ? Assise à une table en face de l'entrée, elle jette des regards autour d'elle pour être sûre de ne pas manquer son rendez-vous.
A cet instant, Théo entre dans le café et s'approche d'elle. Fiona panique :

FIONA : Euh, salut Théo, euh désolée, mais j'ai pas trop le temps.

THÉOBALD : Fiona, je dois te dire quelque chose.

FIONA : Excuse-moi Théo, mais, là, j'ai VRAI-MENT pas le temps. J'ai un rendez-vous.

THÉOBALD : Oui, je sais.

FIONA : C'est bien, alors, laisse-moi. C'est un rendez-vous très important. On pourra se voir plus tard…

THÉOBALD : D'accord, je veux bien te laisser, mais tu risques de rater ton rendez-vous.

FIONA : C'est sûr que si tu restes là, je vais le rater mon rendez-vous. Allez, au revoir Théo !

THÉOBALD : Bon, comme tu veux… J'expliquerai à Cœur de Pirate que tu ne voulais pas le voir.

---

10 **se mettre du gloss** Lipgloss auftragen

Fiona sursaute :

FIONA : Attends !! Qu'est-ce que tu dis là ?

THÉOBALD : Je dis que j'expliquerai à Cœur de Pirate que tu ne voulais pas le voir.

FIONA : Je ne comprends rien. Tu… tu connais Cœur de pirate ??

THÉOBALD : Oui, Fiona. Très bien.

FIONA *(surprise)* : Ah, bon ? C'est un ami ??

THÉOBALD : Oui, un très bon ami même.

Silence.

THÉOBALD : Edouard de Beaumont, c'est moi.

Fiona ouvre grand ses yeux et n'arrive plus à parler.

FIONA : Quoi ? Cœur de Pirate, c'est toi ?

THÉOBALD : Oui, Fiona. J'ai inventé Cœur de Pirate parce que je voulais me venger. Je voulais vous donner les mauvais sujets pour le dernier contrôle du trimestre parce que je sais que c'est le plus important.

FIONA : Te venger ? Mais pourquoi ?

THÉOBALD : Quand j'ai vu sur Facebook tous les commentaires que vous avez laissés sur moi… Je sais bien que je ne suis pas stylé comme les membres du Club du Blason Royal et que je ne ferai jamais partie de votre monde…

FIONA : Mais qu'est-ce que tu racontes ? Je ne comprends pas.

THÉOBALD : Si, tu comprends très bien. C'est vrai que ça devait être très drôle de danser avec un ringard comme moi… Mais voilà, je ne peux pas me venger, je ne suis pas comme ça. Voici les sujets du prochain contrôle.

Il pose sur la table une feuille de papier pliée en deux. Fiona n'a toujours rien dit, Théo quitte le Niouz Café.

Elle l'appelle.

FIONA : Théo, attends !

Mais Théo est déjà parti.

---

1 **sursauter** hochfahren, aufschrecken, zusammenzucken — 15 **se venger** sich rächen — 29 **plié,e en deux** einfach zusammengefaltet

9 Epilogue

Mercredi, 15h30. Mme Laforge rend le dernier contrôle du trimestre.

Mme Laforge : Bon, il semble y avoir un retour à la normalité. Mlle Duplessy, 4/20, M. de Tassigny, 7/20, Mlle Béranger, c'est un peu mieux 9/20. M. Bloch-Morizet 1/20. Vous voulez rentrer dans le Guinness Book ? Et M. Baldini, ben alors qu'est-ce qui se passe ? Un petit 16/20…

Théo ne comprend plus rien. Alban, Pierre-Henry, puis Lucie le regardent et lui sourient.

Mme Laforge : Qu'est-ce qui ne va pas, M. Baldini ? Ne vous mettez pas dans tous vos états pour cette note ! Un 16/20, c'est pas si mal.

Fiona fait alors un clin d'œil à Théo.

A la sortie du cours, Fiona court vers Théo :

Fiona : Théo, Théo !

Théobald : Mais qu'est-ce qui s'est passé ?

Fiona : J'ai déchiré le sujet… Tu sais, j'ai beaucoup réfléchi et j'ai discuté avec les membres du Club du Blason Royal. On n'a pas été sympas avec toi. On n'est pas méchants, mais on croit être drôles alors qu'on ne l'est pas toujours…

Théobald : Ne t'excuse pas. Je n'ai pas été cool non plus. C'était pas une très bonne idée de prendre une autre identité et te faire croire que j'allais t'aider. Mais j'espère surtout que le proviseur ne va pas apprendre que j'ai craqué le serveur du collège, sinon je peux dire adieu à Montaigne…

Fiona : Non, ne t'inquiète pas, notre devise au Club du Blason Royal, c'est « Liberté, Solidarité, Elégance ! » Et c'est aussi ta devise maintenant si tu le veux bien.

---

13 **se mettre dans tous ses états** in Erregung geraten — 15 **un clin d'œil** ein Augenzwinkern — 19 **déchirer qc** etw. zerreißen — 28 **sinon** sonst

Théobald : Merci, Fiona, j'accepte la devise du Club du Blason Royal.

Fiona : Bon, alors maintenant qu'on est tous solidaires, tu dois m'aider car j'ai un vrai problème. Si je ne veux pas rater mon année, il me faut absolument des cours de maths. Tu es d'accord pour me donner des cours ?

Théobald : Oui, bien sûr, quand tu veux, mais à une condition…

Fiona : Laquelle ?

Théobald : Moi aussi, il me faut absolument ton aide.

Fiona : Ah, bon ? Tu veux des conseils en mode ?

Théobald : Non, des cours de plongeon…

Fiona rigole.

Théobald : Non, plus sérieusement, je cherche un modèle pour le personnage principal de mon prochain jeu.

Fiona : Sans problème, Théo. C'est quoi ce jeu ?

Théobald : Ça s'appelle Dolphy One...

Fiona : Attends, je devine. Ça se passe avec des dauphins ?

Théobald : Exactement ! Et toi, tu seras l'avatar de l'instructrice du delphinarium.

Fiona : Et le but du jeu, c'est quoi ?

Théobald : Super simple : il faut réussir à nager avec les dauphins... Mais comme dans la réalité, les dauphins n'acceptent pas toujours. Alors, j'ai besoin d'une experte comme toi…

Fiona : Tu sais, finalement les dauphins, c'est comme les êtres humains. Il faut les comprendre et les apprivoiser...

---

8 **une condition** eine Bedingung — 20 **un instructeur, une instructrice** ein(e) Ausbilder(-in) — 21 **un but** ein Ziel — 27 **un être humain** ein Mensch — 28 **apprivoiser qn** jdn zähmen, jdn umgänglich machen

Pendant la lecture

Chapitres 1, 2, 3

1. Qui est Théo ? Soulignez les mots et les parties qui le décrivent dans le texte. Faites son portrait.

2. Quelle phrase va avec quel personnage de l'histoire ?

1. Il/Elle a peur d'aller dans un internat.	a. Théobald
2. Il/Elle est du côté de son fils.	b. M. Baldini
3. Théo a reçu le conseil de changer de collège.	c. Mme Baldini
4. Il/Elle ne comprend pas son fils.	d. Fiona
5. C'est une amie de Fiona.	e. Lucie
6. Il/Elle rêve d'un écran tactile.	f. Mme Laforge
7. Il/Elle fait partie du Club du Blason Royal avec Lucie et Fiona.	g. Alban
8. Il/Elle demande à Théo de donner des cours à ses camarades.	h. des profs

1. ____	3. ____	5. ____	7. ____
2. ____	4. ____	6. ____	8. ____

Chapitres 4, 5

1. Comment comprenez-vous cette phrase:
   « Lucie croise le regard de Fiona. Un regard qui semble dire qu'elle n'aime pas trop le double jeu de Fiona. » ?
   A votre avis, quel est ce «double jeu» ?

3. Vrai ou faux ?	V	F
a) Quand Théo arrive chez Fiona, il pense que Mercedes est sa mère.		
b) C'est une vraie surprise pour Théo : Fiona est très bonne en maths et elle comprend tout très vite.		
c) Pour avoir les sujets du test, Théo propose à Fiona d'aller sur le serveur du collège.		
d) A la fête, on se moque des vêtements de Théo.		
e) Théo réussit à faire un super plongeon et tout le monde l'applaudit.		

Chapitres 6, 7

1. A votre avis, pourquoi le chapitre 6 a pour titre « Retour sur Terre » ? Trouvez un autre titre.

2. Lorsque Théo devient membre du « Club du Blason Royal » sur Internet, c'est le choc ! Pourquoi ? Soulignez les passages.

3. Cochez la ou les bonnes réponses.

a) Lucie s'énerve parce que tout le monde
☐ adore maintenant Théo.
☐ se moque de Théo.
☐ veut des cours de maths de Théo.

b) Lundi,
☐ Théo est devenu la star du collège.
☐ Fiona ignore Théo.
☐ Théo ne parle plus à ses nouveaux amis.

c) Pour Lucie, Théo ne pourra jamais être ami avec Fiona parce qu'elle est
☐ bête.
☐ une fille.
☐ riche.

d) Sur Facebook, Fiona s'intéresse à Théo parce qu'il
☐ est mystérieux.
☐ est beau.
☐ a le sujet du prochain contrôle.

Chapitres 8, 9

1. Comment Théo voulait-il se venger ? Et pourquoi donne-t-il finalement à Fiona les bons sujets pour le dernier contrôle du trimestre ?

2. Dans le dernier chapitre, quand Mme Laforge donne les contrôles aux élèves, Lucie et les autres membres du Club du Blason Royal sourient à Théo. Fiona lui fait même un clin d'œil. Qu'est-ce qu'on comprend à ce moment-là ?

3. La dernière phrase de Fiona est « Finalement, les dauphins c'est comme les êtres humains. Il faut les comprendre et les apprivoiser. » Pourquoi Fiona dit-elle cela ?

Après la lecture

1. La suite

a) A votre avis, comment peuvent changer les relations entre Théobald et Fiona, mais aussi les relations entre Théobald et Lucie ? Imaginez la suite de l'histoire.

b) A la fin, Alban, Tristan et tous les autres membres du Club du Blason Royal regrettent *(bedauern)* ce qu'ils ont fait ou dit sur Théobald. Ils veulent réparer la situation. Proposez des solutions.

c) Fiona apprend que son père a finalement décidé de l'envoyer dans un internat en Suisse. Elle chatte avec Théobald pour lui demander conseil. Imaginez et écrivez leur dialogue sur Internet.

2. Internet

Allez sur le site du collège-lycée Montaigne à Paris. Comparez le collège Montaigne avec votre collège.

3. A vous !

Est-ce que vous rêvez vous aussi de vivre une aventure ? Nager avec les dauphins ? Faire le tour du monde ? Racontez cette aventure et expliquez pourquoi !